UN MUNDO DE MITOS

MITOS Y LEYENDAS
DE ÁFRICA

Catherine Chambers

raintree
a Capstone company — publishers for children

Editora: Nancy Dickmann, Adam Miller y Claire Throp
Diseñadora: Jo Hinton-Malivoire
Ilustraciones originales © Capstone Global Library,
   Ltd., 2013
Ilustraciones de Xöul
Búsqueda de imágenes por Hannah Taylor
Producción por Victoria Fitzgerald
Translated into the Spanish language by Aparicio Publishing

Datos de catalogación en publicación de la Biblioteca del Congreso

Names: Chambers, Catherine, 1954-
Title: Mitos y leyendas de ?Africa / by Catherine Chambers.
Other titles: African myths and legends. Spanish | Ignite en Espa?nol. Un mundo de mitos.
Description: North Mankato, Minnesota : Raintree, 2019. | Series: Ignite en Espanol. Un mundo de mitos | Audience: Grade 4-6.
Identifiers: LCCN 2019015247| ISBN 9781410991188 (hardcover) | ISBN 9781410991232 (ebook pdf)
Subjects: LCSH: Mythology, African--Juvenile literature. | Legends--Africa--Juvenile literature.
Classification: LCC BL2462.5 .C4918 2019 | DDC 398.2096--dc23
LC record available at https://lccn.loc.gov/2019015247

Agradecimientos

Expresamos nuestro agradecimiento a los siguientes por su permiso para reproducir fotografías:
Alamy: INTERFOTO, 11, Old Paper Studios, 32, 33, Radius Images, 12, Skakanka, 19; Art Resource, NY: HIP, 7, 10; Bridgeman Images: Collection of the Lowe Art Museum, University of Miami, Gift of Professor and Mrs. Robert R. Ferens, 6, Laura James (Contemporary Artist)/Private Collection, 40, Private Collection © Look and Learn, 21; Capstone: Xoul, 9, 15, 23, 31, 37; Getty Images: Achim Mittler, Frankfurt am Main, 13, Berndt Weissenbacher, 35, Gerard Fritz, 17, Martin Harvey, Cover, Nigel Pavitt, 18, Philippe Lissac, 16, Shem Compion, 27, Sven Creutzmann/Mambo Photo, 41; Shutterstock: bonsai, Design Element, Chris Kruger, 24, Four Oaks, 29, Galyna Andrushko, Design Element, Graeme Shannon, Design Element, IgorZh, Design Element, Joel Shawn, Design Element, Konyayeva, Design Element, Martin Capek, Design Element, muhamad mizan bin ngateni, 39, Nejron Photo, Design Element, STILLFX, Design Element, Travel Stock, Design Element, trevor kittelty, 25; Shutterstock Premier: Alfredo Dagli Orti, 34, Andre Csillag, 20, George Esiri/EPA, 4, Victor Watts, 5; SuperStock: De Agostini, 38, Eye Ubiquitous, 28

La editorial agradece a Mark Faulkner, profesor de la Escuela de Estudios Orientales y Africanos de la Universidad de Londres, por su valiosa ayuda en la producción de este libro.

Se ha hecho todo lo posible para contactar a los titulares de derechos de autor de cualquier material reproducido en este libro. Cualquier omisión será rectificada en impresiones subsiguientes si se da aviso a la editorial.

Descargo de responsabilidad

Printed and bound in the USA.
PA70

CONTENIDO

¿Sabías qué?

Descubre
información
interesante
sobre los mitos
africanos.

¿QUIÉN ES QUIÉN?

Aprende más
sobre algunos
de los personajes
principales
de los mitos africanos.

RELACIÓN CON OTROS MITOS

Aprende sobre
personajes
e historias similares
de otras culturas.

ÁFRICA, TIERRA DE CONTRASTES

África es un continente enorme con grandes contrastes de paisajes, recursos y climas. Este continente tiene una población de más de mil millones de habitantes, con muchos pueblos diferentes y al menos 1500 idiomas. A lo largo de África, e incluso fuera del continente, hay mitos y leyendas que comparten temas comunes. Suelen tratarse de espíritus poderosos, criaturas maliciosas y líderes heroicos.

TODO TIENE SENTIDO

Los mitos y leyendas son cuentos antiguos que ayudaron a entender los dotes y desafíos africanos. Suelen ser partes de la fe y las tradiciones actuales. Los mitos son historias de espíritus, criaturas, fantasmas y otros seres. Brindan ideas sobre la creación del mundo y sobre nuestro comportamiento.

Este festival en la costa atlántica africana celebra a Olokun, una gran deidad marina. A Olokun se lo honra en los países de Benín, Togo y el sudoeste de Nigeria.

Las leyendas son cuentos fantásticos antiguos, generalmente basados en personajes de la vida real. Suelen tratarse de líderes fuertes que usan poderes sobrenaturales para crear grandes reinos. Estas historias les dan a las comunidades un fuerte sentido de identidad.

MUESTRA DE UNA CULTURA

Algunos mitos son mágicos y místicos; otros son macabros y horripilantes. Algunas leyendas hablan de coraje y osadía, mientras que otras hablan de crueldad y opresión. En conjunto, muestran a África como un continente del cual brota una expresión cultural y un profundo sentido de historia.

Estos son los antiguos muros de Gran Zimbabwe. Hace más de 500 años, esto era una ciudad próspera. Existen muchos mitos y leyendas sobre sus orígenes.

RELACIÓN CON OTROS MITOS

El comercio y las exploraciones han diseminado mitos y leyendas africanos por todo el mundo. Durante cientos de años, el cruel mercado de esclavos alejó a los africanos de sus hogares originales. En sus nuevos hogares, como las Américas, los mitos y leyendas africanas se propagaron, aunque han cambiado con el tiempo.

DEIDADES
Y SERES ESPIRITUALES

Pueblos de diferentes culturas veneran a seres espirituales poderosos, como dioses y diosas, o deidades.
En muchas culturas africanas, el concepto de ser espiritual también puede incluir espíritus naturales y ancestros, entre otras cosas.
No importa el nombre que se les dé, estos seres juegan un papel importante en los mitos africanos.

TEMAS DE TODA ÁFRICA

A través de África, hay muchas ideas similares sobre seres espirituales. Por ejemplo, las culturas de los hablantes de Bantú, en África Oriental y Central, son muy diferentes de las del pueblo Yoruba, en África Occidental. Sin embargo, sus deidades tienen mucho en común. Leza es un dios creador celestial venerado por muchos hablantes de Bantú. Olorun también es un dios creador celestial, pero de las tradiciones Yoruba.

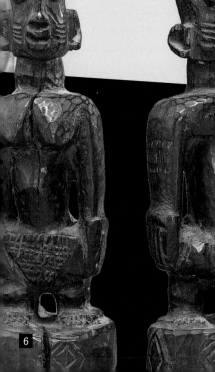

Los figurines tallados honran a gemelos reales y míticos. Estos son tallados Ibeji. Se talla un Ibeji cuando muere uno de los gemelos.

¿Sabías qué?

Las deidades gemelas suelen equilibrar las fuerzas naturales. Para el pueblo Fon, de Benín, Liza es el dios del Sol, fuerte y feroz. Su gemela, Mawu, es la diosa de la Luna, tranquila y calmada.

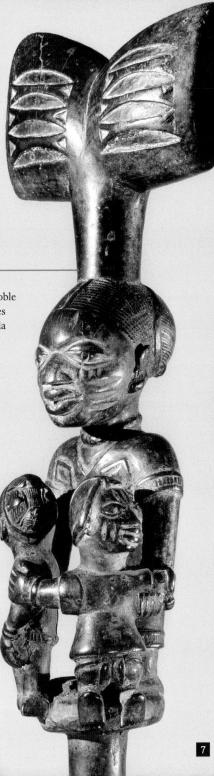

DEIDADES DE MUCHAS CARAS

Algunas deidades tienen más
de una identidad. Por ejemplo,
Shangó es el dios Yoruba del fuego.
Además es el dios del trueno,
del relámpago y a veces de la guerra.
Los mitos sobre Shangó dicen
que alguna vez fue rey en la Tierra.
Mató gente lanzando fuego
por la boca.

Shangó lleva
un hacha de doble
filo, que a veces
tiene ¡enterrada
en la cabeza!

RELACIÓN CON OTROS MITOS

Oshun es la pacífica diosa
del río del pueblo Yoruba.
Pero en Brasil, Oshun es la diosa
mítica del amor y la belleza,
así como de las aguas.
Se la muestra usando joyas
y sosteniendo un abanico.
Oshun es venerada
por seguidores de religiones
tales como el Candomblé.
Estas religiones tienen raíces
africanas y se desarrollaron
en Brasil a través de los esclavos.

Problemas en las alturas:
Un mito Yoruba de África Occidental

Eshu estaba sentado al pie de la nube de Olorun, dios de las alturas. Estaba muy preocupado.

"Ser el ayudante del dios de las alturas no es tan divertido. Olorun siempre está ocupado en reuniones con otros dioses. Yo no tengo nada que hacer".

Eshu estaba tan aburrido que se recostó en los cielos, observando la Tierra desde las alturas. Pudo ver un mercado repleto de gente, con puestos que vendían verduras.

Eshu sintió envidia. La gente de la Tierra siempre estaba ocupada y además tenían los camotes más grandes que jamás había visto. De repente, a Eshu le dio hambre, además de seguir aburrido. Se le ocurrió una idea.

Tomó un par de enormes zapatos de Olorun y se fue en puntas de pie a la huerta del dios de las alturas. Estaba lleno de los camotes más grandes y sabrosos que existían. Eshu desenterró camotes a brazadas.

Ya en su hogar, hirvió los camotes y preparó un delicioso y suave *fufu*. Mientras el *fufu* se enfriaba, Eshu devolvió secretamente los zapatos de Olorun. Acababa de dejarlos en la nube de Olorun cuando escuchó una gran voz que llegaba desde lo alto.

—¡Ah!, ¡Eshu! —gritó Olorun—. ¡Puedo oler los camotes cocinándose! ¿Vas a compartirlos conmigo?

—¿Camotes? —gimió Eshu—. ¿Qué camotes?

—Los camotes que yo, el gran dios de las alturas, ¡sé que tomaste!

—¡Oh! Dios de las alturas. No fui yo —imploró Eshu—. ¡Mira! ¡Mira el barro en tus zapatos! Debes de haber sido TÚ.

Olorun miró a Eshu, que ahora se mostraba asustado.

—¿TÚ me acusas a MÍ? —rugió el dios de las alturas. Luego Olorun rio—. Tengo que evitar que te metas en problemas, amigo mío. Por eso te enviaré a que bajes a la Tierra todos los días. Regresarás por la noche y me contarás todo lo que ocurra allí abajo. Para ayudarte, te daré todos los lenguajes del mundo.

Así, Eshu viajó del Cielo a la Tierra, una y otra vez, por siempre. Jamás volvió a aburrirse. Y disfrutaba escuchando los chismes y generando caos a su paso. Ahora es el Protector de los Viajeros, pero ¿podrías confiar en él?

VENERANDO A LOS DIOSES

Aunque la mayoría de los africanos también siguen las formas de fe conocidas en todo el mundo, como el Cristianismo y el Islam, en toda África y en las Américas aún se siguen realizando festivales y celebraciones en honor a las deidades tradicionales y a sus mitos. Se hacen actuaciones con canto, música y bailes relacionados con ellos. Se pintan y tallan imágenes que luego se usan como máscaras. Hay santuarios para figuras míticas, las cuales siguen jugando un papel importante en la vida de la gente.

¿QUIÉN ES QUIÉN?

Chibinda Ilunga es el dios cazador del pueblo Chokwe, de Angola. Sus mitos dicen que era descendiente de reyes humanos. Se casó con Lueji, la nieta de un rey serpiente. Viajaron por todos lados, creando un gran reino. Chibinda Ilunga suele representarse tallado en madera sólida. Tiene pies grandes para mostrar sus destrezas de caminante y sostiene un bastón en cada mano.

FIGURAS DE ANIMALES

Los seres espirituales suelen representarse en forma de criaturas temibles y poderosas, como las serpientes.

Las serpientes cambian la piel para emerger brillantes y nuevas. Este es un símbolo de vida eterna. Danh-gbi es el dios serpiente que ofrece vida en Benín. También se lo representa con la cola en la boca, formando un círculo que representa unidad.

Mami Wata es la poderosa diosa del agua en África occidental, central y del sur. Se le suele representar como una sirena con cabello negro y suelto.

¿Sabías qué?

Las máscaras y los santuarios pueden estar hechos de madera, corteza, tela, rafia, calabaza, cuentas, metal, piedra y plástico. La pintura blanca y las conchas de cauri blanquecinas representan las aguas y la espuma de ríos y mares. La pintura y las conchas decoran deidades y espíritus acuáticos.

EL MUNDO DE LOS ESPÍRITUS

Muchas culturas africanas creen que paralelamente al mundo humano existe un mundo invisible donde viven espíritus, ancestros y otros seres. Es un concepto similar al del cielo y la tierra de otras culturas, pero según el mito africano, el mundo humano y el espiritual no están tan separados. Los espíritus no se pueden ver, pero pueden afectar la vida de la gente.

¿Sabías qué?

Los dioses celestiales africanos controlan lo bueno y lo malo. Suelen ser responsables del clima. Por ejemplo, a un hermoso arco iris se le considera un maleficio de los dioses pues indica el fin de las lluvias necesarias.

Este arco iris desaparecerá enseguida. Según algunos mitos, la serpiente que lo crea se escabullirá en un hormiguero.

ENTRE DOS MUNDOS

Algunas historias cuentan que el mundo humano
y el espiritual están muy separados,
por eso las deidades necesitan ayuda para
comunicarse. Nyame, el dios celestial Ashanti,
en Ghana, le provee a su esposa Asase Ya,
que es la Tierra, la lluvia que necesita. Anansi,
la araña malvada, es el medio de comunicación
entre ambos. Según otras historias,
ambos mundos están conectados por una telaraña,
un árbol gigante o una torre altísima.

El monte Kirinyaga,
también llamado monte
Kenya, es la morada
del dios creador
del pueblo Kikuyu,
en África Oriental.
Las montañas suelen
ser vistas como el hogar
de las deidades.

¿QUIÉN ES QUIÉN?

Aproximadamente 40 grupos hablantes de Bantú veneran
a Mulungu, un dios creador que supo vivir feliz en la Tierra.
Pero un grupo violento de personas incendió la Tierra y asesinó
a muchos humanos. Mulungu no pudo encontrar el árbol gigante
para escapar a los cielos, entonces trepó por una telaraña.

El mundo de Wak:
Un mito del Cuerno de África

Wak observaba la Luna y las estrellas titilantes en el hogar celestial que había creado. Luego bajó la vista hacia la Tierra. Vio al Hombre, el único ser que había creado. El Hombre vagaba por la superficie plana y monótona de la Tierra. Entonces Wak descendió rápidamente para realizar algunos cambios.

—Hombre, se me ocurrió una idea —le dijo Wak—. Toma estas tablas y haz una caja de tu tamaño.

El Hombre dudó un poco, pero hizo lo que le pidió.

—Ahora entra para comprobar el tamaño —le pidió Wak.

Cuando el Hombre entró, Wak le puso una tapa y enterró la caja.

—¡Hombre, no te preocupes! —le gritó Wak—. Toma una siesta mientras hago algunas renovaciones en la Tierra.

Como en toda renovación, Wak tardó más de lo esperado. Pasó siete años enteros lanzando lluvias y fuegos en la Tierra para crear montañas, valles y otras geografías hermosas.

Al terminar, Wak volvió a bajar a la Tierra y bailó sobre la caja enterrada hasta que el Hombre salió adormecido para observar los nuevos alrededores.

—¡Oh! —exclamó el Hombre—. Ahora necesito a alguien para compartir esto.

—¡Ahhh! ¡Ya había pensado en eso! —dijo Wak—. ¡Ven! Quiero tomar una gota de tu sangre.

Wak usó la sangre del Hombre para crear una mujer vivaz e inteligente. Juntos, el Hombre y la Mujer tuvieron 30 hijos hermosos. Pero un día, el Hombre vio que Wak bajaba a visitarlos. De repente, se sintió avergonzado de haber tenido tantos hijos, y metió a 15 de ellos en los pliegues de la Tierra.

Wak aterrizó; era la primera vez que lo veía confundido y enojado.

—¡Hombre, dime dónde están tus otros hijos!

—Hijos, salgan —dijo el Hombre con voz temblorosa.

Wak estaba furioso de que el Hombre estuviera avergonzado de sus propios hijos. Por eso decidió castigarlo… a él y a toda la humanidad. Convirtió a los hijos en animales y demonios… y en la Muerte.

Wak retornó a los cielos y el Hombre no volvió a verlo nunca más.

LO MALO Y LO FEO

La creación no es completamente positiva. Los seres creadores y sus ayudantes pueden castigar a humanos y criaturas por desobedecer sus deseos. Pueden desatar incendios, rayos, hambruna, enfermedades repugnantes e inundaciones, entre otras cosas.

Los dioses y diosas creadores pueden realizar milagros en la Tierra, aunque algunos de ellos son bastante espantosos. Cagn es el dios creador de los pueblos cazadores-recolectores del sur de África, como los Kung. Sus enemigos lo asesinaron brutalmente, y las hormigas pelaron sus huesos, comiéndose su carne. Pero no por nada Cagn es un dios creador. Él volvió a unir sus huesos y los cubrió con carne nueva.

¿QUIÉN ES QUIÉN?

Leza es el dios de varios grupos de África Central. Según un mito Kaonde, en Zambia, Leza le ordena a Pájaro que lleve tres calabazas a la Tierra. Pero Pájaro debía esperar a Leza antes de abrir las calabazas. Pájaro desobedeció y las abrió. Dos de ellas tenían semillas. Pero para castigar a Pájaro, la tercera calabaza contenía bestias feroces, enfermedades… y la Muerte.

Las calabazas tienen forma de recipiente y están llenas de semillas. Se las convierte en vasijas y en instrumentos musicales. Según los mitos, pueden representar a la Tierra o servir para esconder cosas, tanto buenas como malas.

El dios creador del pueblo keniano Luyia creó un gallo rojo gigante. El gallo agita sus alas para enviar relámpagos y cacarea para crear truenos.

¿Sabías qué?

Algunos dioses y diosas producen cosas vivas en su estómago. Bumba es el dios creador del pueblo Bashongo, en África Central. Bumba sufre de intensos dolores de estómago y vomita el Sol y el agua. Luego vomita la Luna y las estrellas, criaturas como leopardos y tortugas. Finalmente, vomita

HÉROES y HORRORES

Los héroes y heroínas míticos no son personas reales. Pero los mitos sobre ellos son muy importantes en algunas comunidades. Estas historias suelen explicar cómo son los grupos sociales tradicionales de una comunidad, y cómo eligen a sus líderes. ¡Los mitos heroicos explican por qué algunas comunidades siempre se pelean!

Por la noche, cerca de la fogata, los cazadores Hadza, del sur de África, cuentan mitos de grandes matanzas… ¡que son totalmente irreales!

¿Sabías qué?

Los mitos suelen enfocarse en elementos de la naturaleza que son importantes para la gente actual. Un héroe mítico pudo haber cruzado un gran río que hoy irriga las cosechas. Las historias que celebran a campeones míticos de cacería y de creación de arcos honran destrezas parecidas a las que se practican en la actualidad.

Las montañas Usambara, en Tanzania, fueron importantes terrenos de caza. Hoy son un destino turístico popular.

DE SER NADIE A SER UN HÉROE

Los mitos heroicos africanos pueden tener cientos de años y muchos temas en común. Muchas veces, el personaje principal es alguien expulsado de la comunidad. El héroe regresa en calidad de líder, después de haber pasado un tiempo demostrando destrezas, osadía, magia y, casi siempre, violencia.

Por ejemplo, el mito de Mbega cuenta que él nació en un clan líder del pueblo Shambaa, en las montañas Usambara de Tanzania. Mbega es expulsado de su hogar, pero usa sus destrezas y magia para convertirse en un gran cazador de jabalíes y asesino de leones. Mbega gana muchas batallas y pasa a ser un gran gobernante de los Shambaa.

¿QUIÉN ES QUIÉN?

Mwindo es un héroe mítico famoso del pueblo Nyanga, en África Central. Nació de la palma de la mano de su madre. El rey Nyanga quiso asesinar a todos sus hijos, pero Mwindo sobrevivió. El héroe y su hermana, Nyamitondo, fueron al rescate de su pueblo en el estómago de un ave gigante que se los había tragado.

19

¿Sabías qué?

Las leyendas heroicas de África generalmente se pasan de boca en boca y de generación en generación. Son tradiciones orales. Se narran y se cantan en forma de salmo o de poema épico. En la página 22 aparece la leyenda del emperador Sundiata, la cual es narrada por familias antiguas de *griots*, o narradores orales, de Mali. Las cantan acompañándose con instrumentos de cuerdas y un tipo de xilófono llamado *balafón*.

Toumani Diabate pertenece a una antigua familia de *griots*, en Mali. Hoy día es una estrella internacional.

GRANDES HISTORIAS DE GENTE REAL

Las leyendas entrelazan hechos reales con poderes místicos y sucesos inexplicables. Con el tiempo, los narradores van agregando detalles fantásticos que las hacen más interesantes para la gente de su época. La mayoría de las leyendas contienen algo de verdad.

HÉROES REALES CON PODERES MÁGICOS

Muchos de los héroes y heroínas legendarios de África eran gente real, aunque las historias suelen darles poderes mágicos. Estas leyendas hablan de batallas, de creaciones de reinos y de cómo surgen las familias gobernantes. Por ejemplo, hace menos de 200 años, Shaka era un poderoso rey guerrero de la nación Zulú, en el sur de África. Sus actos se transformaron en leyenda.

Este es Shaka Zulú (1787-1828). Según la leyenda, un herrero hizo una espada mágica y poderosa para Shaka. Este la nombró Iklwa.

¿QUIÉN ES QUIÉN?

Sabemos que hace más de 600 años existió una gran reina guerrera llamada Amina de Zaria, en el norte de Nigeria. Lideró un ejército a través de batallas y creó un gran reino. La leyenda cuenta que de niña, Amina empuñaba una daga, como si fuera un soldado. Cuando se convirtió en guerrera, tomaba un marido en cada territorio que conquistaba, ¡y al día siguiente lo mataba!

21

Sundiata, el rey león de Mali:
Una leyenda Mandinga de África Occidental

Un joven *griot* tomó su balafón, tocó una melodía y comenzó a cantar: "¡Sundiata, el poderoso Rey León! ¡Sundiata, que pasó de ser un niño débil a ser un poderoso guerrero en solo un día! Sundiata, …"

—¡Oh, cállate! —chistó Sundiata—. Sabes perfectamente que no seré poderoso hasta derrotar a nuestro malvado enemigo, Sumanguru.

—Ah, sí —respondió el *griot* y siguió cantando: "¡Sumanguru, el rey hechicero de Sosso! ¡Se robó a Nana Triban, la media hermana de Sundiata! ¡Atrapó a Balla, el gran *griot*! Él…"

—¡Ya está bien! No tienes que recordármelo —interrumpió Sundiata—. Y no olvides que si Sumanguru no hubiera secuestrado a Balla, mi fiel *griot*, ¡tú no tendrías trabajo!

Sundiata caminaba de aquí para allá con preocupación mientras el *griot* tocaba una melodía suave en el balafón. La paz se vio interrumpida por el ruido de cascos de caballos. ¿Sumanguru venía a atacar?

Sundiata fue a las puertas del fuerte, pasó entre los guardias y observó al líder de los jinetes.

—¡Balla! —gritó con alegría—. ¡Mi querida Nana Triban! ¿Cómo escaparon de Sumanguru?

—Luego te lo contaré —dijo ella—. No hay tiempo que perder. Averigüé la forma de quitarle poder a Sumanguru. Debes hacer un dije mágico con un gallo blanco y usarlo para atacar a Sumanguru.

Inmediatamente, Sundiata envió un búho mensajero a Sumanguru, diciéndole que se prepare para la batalla de su vida. Luego tomó una flecha de madera, resistente y filosa. En ella enganchó una pezuña de gallo blanco. Más tarde salió con sus soldados en plan de guerra, a buscar las tropas de Sumanguru.

Durante la gran batalla de Kirina, Sundiata lanzó la flecha al aire. Al caer, impactó en el brazo de Sumanguru. Lanzando un grito de dolor y horror, Sumanguru vio la pezuña de gallo y sintió que se quedaba sin fuerzas. Sabía que estaba derrotado.

Después de eso, Sundiata empezó a construir el gran imperio Mali, que duró 400 años.

HISTORIAS DE GIGANTES

En muchas historias africanas, seres aterradores, como gigantes míticos, ogros y espíritus malignos, crean miedo y confusión. En los densos bosques del Congo, en África Central, también viven hadas y duendes. Los pueblos Zulú y Ambundu, del sur de África, creen en ogros que tienen pelo largo, desordenado y enredado. Sin embargo, ¡algunos gigantes son amables y sonrientes!

■ El baobab es un gigante de la naturaleza. Existen muchos mitos acerca de este árbol "cabeza abajo" que tiene ramas como raíces.

RELACIÓN CON OTROS MITOS

Los gigantes aparecen en mitos de todas partes del mundo. Las tradiciones de los indígenas americanos Shoshone incluyen a Dzoavits, que persigue a niños, ¡y se los come! Los gigantes también pueden ser inteligentes. En la tradición judía, Og, rey de Bashán, es el único gigante que sobrevivió al Diluvio. Se subió al lomo de un unicornio y se fue en el Arca de Noé.

EL OGRO Y EL TAMBOR

Los Swahili, en la costa este africana, y los Sesuto y los Xosa, en el sur, comparten un mito sobre un ogro que esconde a una chica en un tambor gigante. Rescatan a la chica y llenan el tambor con serpientes, abejas y sapos que muerden. Cuando el ogro rompe el tambor, las bestias lo matan.

Los tambores son un instrumento frecuente durante las actuaciones de mitos. Sus fuertes golpes suelen indicar momentos de terror o la aparición de un personaje temible.

¿Sabías qué?

Así como no se puede ver el viento, tampoco se pueden ver los espíritus. En el idioma Swahili, la palabra *upepo* significa esas dos cosas: "espíritu" y "viento". En el norte de Nigeria, en África Occidental, los hablantes de Hausa usan la palabra *iskoki*. El pueblo Hausa Maguzawa creía que existían 3000 espíritus *iskoki*.

TRAMPOSOS INGENIOSOS

Existen muchos mitos sobre tramposos, quienes usan su ingenio para ser más listos que los demás.

Algunos tramposos son deidades o sus ayudantes, como Eshu de los Yoruba. Otros son humanos. Pero la mayoría de ellos son astutos, divertidos y a veces animales impactantes.

CONEXIÓN ENTRE CIELO Y TIERRA

Algunas criaturas tramposas pasan del mundo humano al espiritual, haciendo travesuras, como Eshu. Anansi es otro personaje especial. Es el hijo de Nyame, el dios celestial, y puede aparecer en forma de araña o de hombre. Anansi usa su poder para derrotar a otras criaturas.

RELACIÓN CON OTROS MITOS

Los esclavos africanos llevaron las historias sobre tramposos a través del Atlántico, hasta las Américas. Allí, algunos personajes cambiaron de nombre. *Anansi* es un personaje popular en los cuentos de Ghana, en África Occidental. Anansi significa "araña" en el idioma Akan de ese país. En Estados Unidos, Anansi cambió a *Aunt Nancy* (Tía Nancy). En Haití, se llama Ti Malice.

PRUEBA Y ENSEÑANZA

Algunos personajes ingeniosos no dejan de desafiar a las deidades con su astucia. Ciertas historias les enseñan a los niños que no deben intentar engañar a los adultos. Sin embargo, hay veces que ganan los tramposos. Aquellos que tienen el poder no tienen el derecho a ganar siempre.

¿Sabías qué?

¿La astucia de Anansi vino de las tarántulas africanas reales? Existen unas 40 especies de esta temible criatura. La envergadura de sus peludas patas puede llegar a 6 pulgadas (20 centímetros). Tienen una mordedura terrible y venenosa. Algunas tarántulas cavan madrigueras y las cubren con una telaraña pegajosa para atrapar a sus presas. ¡Astutas!

Una tarántula se lanza sobre su presa capturándola con una red tejida entre sus patas frontales.

CÓMO HACER AMIGOS

Los cuentos de tramposos nos alertan sobre los peligros del mundo. Algunos cuentos hablan de la amistad. Otros nos cuentan por qué los animales tienen cierto aspecto. Por ejemplo, un cuento Swahili habla de la Serpiente, quien le pidió prestados los ojos al Milpiés para poder observar un baile de bodas. A cambio, la Serpiente le prestó las patas al Milpiés. Después de la boda, la Serpiente no le quiso devolver los ojos, así que Milpiés no le devolvió las patas. ¡Y dejaron de ser amigos!

RELACIÓN CON OTROS MITOS

Las fábulas de Esopo son cuentos de tramposos de la antigua Grecia, aunque se dice que Esopo era de descendencia africana. Muchas de esas fábulas hablan de la bondad. "El león y el ratón" trata de retribuir amabilidad. En "La tortuga y la liebre", la moraleja es "¡No apures las cosas!".

Las historias de tramposos se cuentan o actúan como una obra de teatro. Cada personaje tiene una voz única. El drama va acompañado de utilería, tambores y otros instrumentos.

Este es un pequeño, silencioso y sigiloso ciervo acuático del bosque del Congo. En los cuentos, el ciervo se llama Nseshi y representa un personaje silenciosamente ingenioso.

¿QUIÉN ES QUIÉN?

La tortuga es una ganadora porque piensa lenta y cuidadosamente, aunque no siempre es simpática. La hiena es codiciosa y quiere quedarse con todo. En el sur de África, el chacal es inteligente y siempre termina ganando. Pero es una criatura desaliñada y desesperada.

CÓMO SOBREVIVIR

Algunas historias de tramposos también hablan de paisajes y estaciones de África. Hablan de épocas en que es difícil vivir, especialmente durante la estación seca. El alimento es escaso y los tramposos sobreviven gracias a su inteligencia y sabiduría. Muchas historias de África Oriental hablan de Sungura, la Liebre, que siempre está muy hambrienta y debe usar su ingenio para obtener comida.

La liebre, la hiena y la olla de frijoles: Una historia Swahili de África Oriental

La liebre y la hiena eran amigas. Nadie sabía por qué. Un día que no tenían trabajo y tenían mucha hambre, la liebre sugirió que fueran a pedirle al jefe de la aldea que les diera trabajo en su huerta.

El jefe se mostró contento de ayudarlas. "¡Tomen esta olla de frijoles para almorzar", les dijo.

Apenas llegaron a la huerta, la liebre prendió una fogata y puso la olla a cocinar. A la hora del almuerzo, la hiena preguntó: "Liebre, ¿podrías vigilar la olla mientras voy al arroyo a lavarme?".

En el arroyo, la hiena se sacó la piel y la escondió detrás de una roca. Luego volvió a la huerta.

"¡Aaaaaahhhhh!", gritó la liebre al ver a ese ogro descarnado. Y se escapó a la pradera.

La hiena se rio por lo bajo y se devoró los frijoles. Después se fue caminando tranquilamente al arroyo, se puso la piel y regresó a la huerta. Allí, vio que la liebre miraba nerviosamente la olla vacía.

"¿Dónde está mi porción de frijoles?", le gritó la hiena.

"Un ogro terrible me asustó. ¡Se debe de haber comido todo!", se lamentó la liebre. "Pero voy a hacer un arco y una flecha, ¡y la próxima vez voy a matar a esa bestia ladrona!"

"No sé si creerte", le dijo la hiena. "Sin embargo, te ayudaré a construir el arco". Pero la astuta hiena hizo un agujero en el arco para que quedara frágil.

Al día siguiente, la hiena hizo el mismo truco.

"¡Te estoy esperando… OGRO FEO!", gritó la liebre, tirando de la cuerda del arco. ¡SNAP! El arco se partió y la liebre salió corriendo del miedo. Una vez más, la hiena acusó a la liebre de haberse comido los frijoles.

La liebre no dejaba de protestar. De repente, notó que los ojos de la hiena ya no tenían aquella mirada hambrienta.

"Mmmm", pensó la liebre. "Voy a esconder otro arco en el pasto. Y no le voy a pedir ayuda a la hiena."

Al día siguiente, la liebre tiró de la cuerda y… ¡centro!

"¡Aaaaayyyy!", gritó el ogro herido, con una voz muy parecida a la de la hiena. Se fue rengueando hasta el arroyo y después regresó a la huerta. Y allí estaba la liebre feliz, ¡comiéndose TODOS LOS FRIJOLES!

El Hermano Conejo tiene puesta ropa de Estados Unidos, pero su personaje es parecido a la liebre Sungura, de África.

CUENTOS A TRAVÉS DE LAS OLAS

Sabemos que los cuentos de tramposos llegaron a las Américas por medio de millones de esclavos africanos. Y fueron adaptados a la vida del lugar; a una vida desesperada. En África, Sungura era una liebre inteligente, pero pequeña y frágil. En América, se transformó en el Hermano Conejo, que está más cerca de ser humano que Sungura. Además es mucho más fuerte. Estos cuentos tratan de ganar, aunque el ganador pueda comportarse de manera desagradable.

¿Sabías qué?

Los personajes del Hermano Conejo son de Carolina y de Georgia, en Estados Unidos. Se contaron en un idioma llamado Gullah, que es una mezcla de idiomas de África Occidental y Central con el inglés. Hace casi 150 años, los estadounidenses tradujeron los cuentos del Hermano Conejo al inglés. Uno de los traductores fue Charles Colcock Jones.

PIDIENDO PRESTADO A LOS VECINOS

Otros personajes de los cuentos del Hermano Conejo son el Hermano Zorro, el Hermano León, la Hermana Tortuga y muchos más. Estos personajes y lo que dicen no solo están influenciados por los cuentos africanos, sino que también incluyen tradiciones de los cuentos de tramposos de los indígenas americanos.

Eso es un buen ejemplo de cómo los mitos y leyendas integran aspectos de otras culturas.

El Hermano Zorro y el Hermano Conejo siempre tratan de hacerse trucos uno al otro. El Hermano Conejo es el que siempre gana.

RELACIÓN CON OTROS MITOS

Entre los indígenas de California, las Grandes Llanuras y otras partes del suroeste de Estados Unidos, el coyote es una figura tramposa. El coyote también les da el fuego y otras destrezas a los humanos. También conecta las deidades y la Tierra, como Eshu. El coyote puede ser muy travieso, pero no siempre gana.

MUERTE Y VIDA DESPUÉS DE LA MUERTE

En todo el mundo hay historias que intentan explicar cómo y por qué muere la gente, y lo que ocurre después de la muerte. En África hay muchos mitos que hablan de seres espirituales que trajeron a la Muerte. Otros culpan a espíritus o animales malévolos. ¡Y otros combinan todo lo anterior! La Muerte también puede ser enviada por los gobernantes del inframundo.

La lagartija es un personaje común en todo África. Se suele creer que trae la muerte.

Este es un sapo rojo africano.
Según el mito, los sapos pueden
arrastrar a la gente hacia la muerte.
En la vida real, ¡los sapos son venenosos!

LA MUERTE DE LAS DEIDADES

Cuando mueren las deidades, los humanos
se dan cuenta de que nadie es suficientemente
poderoso como para escapar de la muerte.
Kibuka es el dios de la guerra y del trueno
entre los Baganda de Uganda. El dios
de las alturas envía a Kibuka para ayudar
a los Baganda en sus batallas. A Kibuka
se le advierte que no debe revelarle
su posición de batalla al enemigo,
y que no debe hablar con mujeres.
Lamentablemente, en una batalla se distrae
y se olvida de las advertencias. Entonces,
cuando está en el cielo, es impactado
por una flecha y cae a un árbol. Es el primer
dios en morir.

DE REGRESO A LA TIERRA

La práctica de enterrar a los muertos
dio origen a mitos que hablan
de puercoespines, serpientes, lagartijas,
gusanos, animales de madriguera y otras
bestias horribles que arrastran a la gente
a la Muerte.

RELACIÓN CON OTROS MITOS

Los mitos de los aborígenes
australianos hablan
de Yara-ma-yha-who, la criatura
de la muerte. Tiene una gran
cabeza roja y se pega
a las higueras con ventosas
que tiene en las patas.
Yara-ma-yha-who espera
a que los viajeros se tiren
a descansar debajo del árbol.
Luego les chupa la sangre
y después se los come.
Más tarde los vomita,
solo que al expulsarlos están
mucho más bajos.

El mensaje de la Muerte:
Un mito Lozi de África Central

Nyambe, dios de las alturas, observó desde lo alto a su querido perro, que estaba enfermo, viendo cómo respiraba por última vez. Nyambe quedó destrozado.

"¡Lo haré!", gritó. "¡Te devolveré la vida y vivirás por siempre!". Pero Nyambe cometió un grave error. Se dio vuelta y le preguntó a su esposa: "¿Qué opinas, Nasilele?".

"¿Esa cosa vieja y mugrienta? De ninguna manera. El perro queda muerto", le respondió ella.

Poco después, la madre de Nasilele murió.

"¡Oh, Nyambe! ¡Mi madre ha muerto! ¡Debemos devolverle la vida!", dijo Nasilele entre llantos.

Nyambe se quedó pensando unos segundos. "Después de pensarlo detenidamente, he decidido que mi querida suegra debe quedar muerta. Debemos darles un buen ejemplo a los humanos comunes", dijo Nyambe.

"Pero aún no hemos decidido si los humanos deben vivir o morir", dijo Nasilele.

"Tienes razón; aún no", le contestó él. "Decidámoslo".

Nyambe y Nasilele se quedaron hablando toda la noche. Agotados de debatir, convocaron al Camaleón.

"Nuestra sabiduría nos hizo decidir que los humanos vivirán para siempre. Ve y díselo", le anunció Nasilele.

El Camaleón se hinchó de orgullo. Su piel tomó un hermoso color rosado destellante que combinaba con el amanecer del nuevo día.

"¡Todos los humanos vivirán para siempre!", susurraba a medida que bajaba a los saltos hacia la vasta y polvorosa pradera.

Pasó al lado de la Lagartija, que estaba escondida en la hendidura de un gran árbol. La Lagartija escuchó al Camaleón repetir su mensaje. Luego, la malvada Lagartija sonrió y pasó corriendo al Camaleón, para dirigirse a la aldea donde vivían los humanos.

"¡Humanos! Tengo un mensaje que les envían desde los cielos", dijo la Lagartija.

Los humanos se juntaron frente a ella y escucharon con atención.

"El mensaje es '¡TODOS LOS HUMANOS DEBEN MORIR!'"

Desde lo alto, Nyambe y Nasilele observaban a la Lagartija riéndose malvadamente mientras regresaba corriendo por la pradera.

"Bueno, ese es el destino que les toca", dijo Nyambe encogiéndose de hombros. "Vamos, Nasilele, tenemos muchas cosas que hacer. ¿Qué piensas de crear un animal jorobado que pueda cargar cosas?".

LOS MITOS SOBRE LA MUERTE CONTINÚAN

En la actualidad, los mitos sobre la muerte se representan con máscaras, música, ceremonias, arquitectura y materiales. Por ejemplo, según el mito Dogon, Lebe era el octavo hijo varón de Amma, el dios de las alturas. Un día, el séptimo hijo se lo comió y lo mató. Luego vomitó los huesos, que se convertían en piedras a medida que caían. En esas piedras estaba toda la bondad de los ancestros Dogon; lo cual representa la vida.

Para el pueblo Igbo, de África Occidental, Ala es la diosa del inframundo. Los que mueren entran a su vientre. A Ala se le venera en unas casas llamadas *mbari*. Son cuadradas y abiertas en los lados, construidas por los hombres y mujeres del lugar. Ala envía a una abeja, una serpiente u otra criatura para indicarles a sus sacerdotes dónde construirlas.

Se cree que los pisos de piedra de las casas Dogon tradicionales son los huesos de Lebe. El techo representa el Cielo. Juntos, Lebe y los dioses del cielo protegen la vida del hogar.

RELACIÓN CON OTROS MITOS

Umbanda es una religión afrobrasileña. Es una mezcla de Cristianismo, fe y mitos africanos, y otras creencias.
Los sacerdotes Umbanda se conectan con el espíritu de los muertos y con las Orishas, que son parecidos a las deidades de África Occidental. Para la religión Umbanda, Omolu es el Amo de la Muerte y las Enfermedades. Los sacerdotes le piden que salve a los enfermos de la muerte.

Hay criaturas que pueden guardar el espíritu de los muertos. A la mantis se le conoce como "el ave del espíritu". Para el pueblo Khoi, es un dios tramposo que puede renacer muchas veces.

MITOS
Y LEYENDAS VIVOS

Los mitos y leyendas africanos viven a través de canciones, poesía, drama, danza y ceremonias tradicionales. Se han ido transformando y se mantienen vivos en las Américas. Algunos se incorporaron a la cultura moderna por medio de películas y canciones. Y ciertos personajes legendarios son parte de los juegos de computadora, como Shaka Zulú, en "Civilization IV".

En 1994, Dani Kouyate hizo una película sobre Sundiata Keita, el rey de Mali, cuyo título es Keita: La herencia de los *griots*. Trata de un joven a quien se le vienen a la mente recuerdos de la época de su ancestro, Sundiata. Los familiares de Dani Kouyate son famosos *griots* de Mali.

En 2009, Daniel Schnyder compuso música sobre Sundiata. La Orquesta Sinfónica de Radio Berlín, Alemania, y los *griots* de Mali la interpretaron juntos.

Todos los años se venera a Oshun, la diosa del río. La ceremonia se realiza en un arroyo sagrado de Osogbo, Nigeria.

MITOS Y LEYENDAS DEL MAÑANA

¿En qué momento una persona, criatura o lugar especial se convierte en mito? ¿Veremos las historias de hoy mezcladas entre magia y misterio? ¿Cuándo un héroe o heroína pasa a ser leyenda? ¿Podría serlo un luchador por la libertad y político, como Nelson Mandela? ¿Lo sería un gran músico o atleta? ¿Puedes pensar en alguien?

Estos cubanos practican la Santería, una religión que combina el Catolicismo con las creencias religiosas de África Occidental. Llevan una estatua cristiana que también tiene características de la diosa Oshun.

¿Sabías qué?

Durante el siglo XX, la mayor parte de África estaba gobernada por naciones europeas. Los nuevos mitos les dieron a los africanos la fortaleza para luchar por su libertad. En 1905, Kinyikitile Ngwale lideró a los africanos orientales a oponerse a los gobernantes alemanes. Les dijo que dentro de él vivía un espíritu serpiente muy fuerte. Su rebelión falló, pero otros africanos aprendieron de ella.

41

PERSONAJES, CRIATURAS Y LUGARES

PERSONAJES IMPORTANTES

Amina, reina de Zaria guerrera legendaria, fundadora de imperios. Zaria estaba en lo que hoy es la zona norte de Nigeria.

Cagn dios creador de los cazadores-recolectores Kung, del sur de África

Chibinda Ilunga dios cazador, de grandes manos y pies, de Angola

Danh-gbi dios serpiente de Benín, África Occidental

Eshu mensajero travieso de Olorun, dios de las alturas de los Yoruba. Viaja entre el Cielo y la Tierra.

Kibuka dios de la guerra de los Baganda, en Uganda. Fue el primer dios que murió.

Lebe dios de los Dogo, de Mali. Fue devorado y luego vomitado en forma de rocas.

Leza dios creador de Kaonde, en África Central. Envía un ave a la Tierra con buenas cosas para los humanos, pero algo sale mal.

Liza y Mawu deidades gemelas de Benín

Mami Wata diosa del agua, poderosa, de África, las Américas y el Caribe

Mbega héroe mítico, cazador y luchador del pueblo Shambaa, en África Oriental

Mulungu dios del cielo, creador, de algunos hablantes de Bantú, en África Oriental, desde Kamba, en el norte de Kenya, hasta Nyamwezi, en Tanzania

Mwindo héroe mítico de los Nyaga, en África Central. Es expulsado de su país, pero finalmente triunfa.

Nasilele diosa de las alturas de los Luyi, en África Central. Ella y Nymabe, su esposo, accidentalmente llevaron la Muerte a los humanos.

Nyambe dios de las alturas de los Luyi. Él y Nasilele, su esposa, llevaron la Muerte a los humanos.

Oshun diosa del agua de los Yoruba, en África Occidental y en las Américas

Shangó dios Yoruba del trueno, relámpago, fuego y guerra

Sundiata Keita emperador legendario de Mali, un antiguo imperio de África Occidental (diferente del país actual de Mali)

Wak dios creador del pueblo Oromo, del Cuerno de África. Creó a los humanos y luego les llevó la Muerte.

CRIATURAS

Anansi tramposo araña de los Ashanti, en Ghana. Suele ser malo. También aparece en las historias del Caribe y las Américas.

Camaleón en casi toda África, se cree que el Camaleón lleva mensajes. A veces, el Camaleón es bueno, pero otras veces es temible.

Coyote tramposo maligno entre las culturas nativas de Norteamérica

Hermana Tortuga, Hermano Zorro, Hermano Lobo y otros personajes animales afroamericanos que trataron de ser más listos que el otro

Hermano Conejo criatura tramposa afroamericana, como Sungura en África. Es el personaje principal de las historias de Hermanos.

Hiena criatura astuta entre los Swahili, en África Oriental. Para obtener lo que quiere, engaña a las otras criaturas.

nseshi ciervo de agua travieso del bosque del Congo

serpiente arco iris en gran parte de África, la serpiente arco iris puede anticipar el fin de las lluvias y el comienzo de una peligrosa época de sequía

Sungura liebre Swahili de África Oriental. Es pequeña, pero puede ser más lista que las criaturas más fuertes que ella y que intentan engañarla.

LUGARES IMPORTANTES

Gran Zimbabwe antigua ciudad de mercaderes de África Central, llena de mitos y leyendas

Montañas Usambara lugar de origen del mito de Mbega, luchador y cazador poderoso

Monte Kirinyaga también conocido como monte Kenya, en Kenya. Es el hogar de Mulungu, dios de las alturas de los Kikuyu.

Osogbo ciudad nigeriana, hogar de Oshun, diosa del agua

Zaria antigua ciudad-estado de mercaderes, hoy ciudad de Nigeria. Es parte de muchas leyendas, especialmente sobre la reina Amina.

GLOSARIO

ancestros parientes que vivieron hace muchos años y que han muerto

Bantú grupo de idiomas con raíces similares de gran parte de África subsahariana. Se extienden desde la frontera entre Nigeria y Camerún, en el oeste, hasta las costas Swahili en el este.

calabaza recipiente endurecido, hecho con la cáscara de distintas especies de zapallo

cauri conchas pequeñas utilizadas para decoración. En una época se les usó como forma de pago para comprar mercancías.

chacal perro salvaje, parecido al lobo, que habita en África

clan grupo de personas con lazos familiares y culturales. Los clanes de una misma cultura forman parte de una identidad mayor.

continente gran masa terrestre

coyote perro salvaje de Norteamérica, parecido al lobo

Cuerno de África zona formada por los países de Eritrea, Etiopía, Somalia, Yibuti y el norte de Kenya.

deidad dios o diosa, que generalmente se asocia a un pueblo o cultura en particular

fábula cuento educativo o con un mensaje moral

fufu raíces machacadas, como el camote, que en África Occidental se sirven con salsa

griot músico y cantante de África Occidental, que cuenta historias antiguas sobre grandes líderes.

hambruna período largo sin alimento o con alimentos escasos. Durante períodos de hambruna, la gente suele morir por falta de alimento.

hiena animal pequeño y con manchas en la piel, parecido a un perro, que habita en África y Asia

irriga suministra agua a la tierra para que crezca la cosecha

Khoi comunidades cazadoras-recolectoras del sur de África

mantis insecto muy grande que mantiene sus patas delanteras en posición de rezo. Atrapa insectos y se come las cabezas.

mercado de esclavos venta de esclavos de África a las Américas (incluidos Estados Unidos, el Caribe y Brasil) e islas del Océano Índico, entre los siglos XVI y XIX. En Estados Unidos, los africanos trabajaban en grandes granjas llamadas plantaciones. Allí eran tratados con mucha crueldad.

ogro criatura grande, atemorizante, que parece humana

poema épico leyenda contada en forma de poema. Suele originarse como poesía transmitida oralmente.

santuario lugar construido para recordar a los espíritus de deidades y ancestros

tradición oral historias que se pasan de boca en boca

tramposo/a en los mitos, deidad o personaje que engaña y hace maldades o travesuras

MÁS INFORMACIÓN

SITIOS WEB

www.blackpast.org/?q=aah/african-american-museums-united-states-and-canada/
Este sitio web ofrece enlaces a museos afroamericanos de todo el país.

http://africa.si.edu/
En este sitio web del Museo Nacional de Arte Africano, aprende más sobre el arte y la cultura africanos.

www.liverpoolmuseums.org.uk/ism/slavery
En este sitio web británico, aprende sobre la historia del mercado de esclavos que llevó la cultura africana a las Américas.

LUGARES PARA VISITAR

National Museum of African American History and Culture
National Museum of American History
1400 Constitution Avenue, NW
Washington, DC 20004
http://nmaahc.si.edu
Este museo está preparando su colección para un nuevo edificio que abrirá en el futuro cercano y se enfocará en la experiencia afroamericana.

DuSable Museum of African American History
740 East 56th Place
Chicago, IL 60637
www.dusablemuseum.org
Este museo presenta contribuciones afroamericanas a la historia
y la cultura.

National Museum of African Art Smithsonian Institution
950 Independence Avenue, SW
Washington, DC 20560
http://africa.si.edu/
Este museo se enfoca en las artes visuales de África.

MÁS INVESTIGACIÓN

Si te gustaron las historias de este libro, elige una y haz una actuación
de ella. ¿Te gustó algún personaje en particular? Si es así, puedes hacer
un dibujo, un collage, una máscara o una escultura de ese personaje.
Recuerda que puedes usar todo tipo de materiales: conchas, paja,
cuentas, cartón, madera y caña de bambú.

ÍNDICE